UN CHIHUAHUA
POR LAS CLOACAS

Suricatos

Un chihuahua por las cloacas

© del texto: Eclair Moonflower
© de las ilustraciones: Frogscaffe
© corrección del texto: Equipo BABIDI-BÚ

© de esta edición:
Editorial BABIDI-BÚ, 2025
Avda. San Francisco Javier, 9, 6ª, 23
Edificio Sevilla 2
41018 - SEVILLA
Tlfn: 912.665.684
info@babidibulibros.com
www.babidibulibros.com

Impreso en España
Primera edición: agosto, 2025

ISBN: 978-84-19602-14-5
Depósito Legal: SE 1082-2025

Eclair Moonflower

UN CHIHUAHUA POR LAS CLOACAS

Ilustrado por Frogscaffe

BABI DI-BU

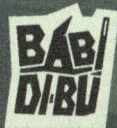

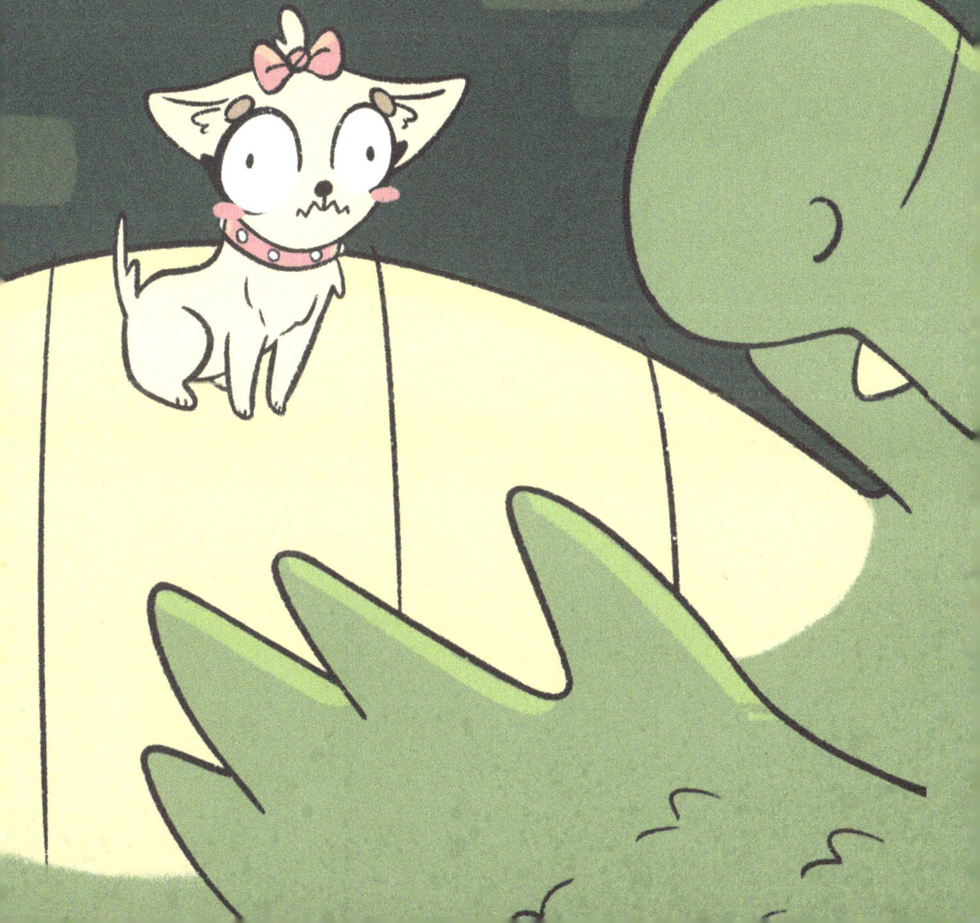

Chispita es pequeña, diminuta, microscópica. De entre todos los chihuahuas, posiblemente tiene el récord del más minúsculo. Usar una lupa es casi una necesidad para poder ver a Chispita. Sin embargo, Chispita también tiene un ego grande, gigante, colosal, porque, como buen chihuahua, lleva una vida de mimos y lujos. ¿Croquetas? No, por favor, Chispita solo come trozos de salmón. ¿Dormir en el suelo helado? Jamás, Chispita solo duerme en una cama caliente con sábanas de seda. ¿Andar sin abrigo? No puede ser, a los chihuahuas les da frío, por lo que Chispita usa pura ropa de lino. ¿Paseos? Por supuesto que sí, a Chispita le fascina caminar por las calles más bellas de la ciudad y, aunque es diminuta, se siente una estrella al pasar; todos giran la cara para ver al mejor chihuahua pasear. Lo que no esperaba era que, en uno de sus paseos, algo terrible le pasara.

Todo iba a la perfección, Chispita caminaba y se sentía ama del mundo, viendo a todos los demás como inferiores; se sentía la chihuahua más grande, totalmente hinchada de orgullo. Entonces, ocurrió la desgracia. Tal vez, fue el karma o, quizá, la mala suerte. La verdad, lo más seguro es que fuera su tamaño diminuto porque, cuando Chispita dio un paso, por andar mirando a los demás sintiéndose superior, no se fijó en el alcantarillado. A un perro más grande no le hubiese ocurrido nada, pero Chispita era una miniatura y, al pisar el desagüe, se fue entre sus barrotes directa a las cloacas.

La caída se sintió eterna. Posiblemente, el precipicio no era tan profundo, pero para una chihuahua de la estatura de Chispita un piso era igual a cuatro. Con las patas estiradas, se preparó para un doloroso aterrizaje que no llegó. En su lugar, solo hizo un gran SPLASH al caer en agua. «Qué afortunada soy», pensó llena de alivio, hasta que se fijó en que no había caído en agua pura de manantial, sino en agua asquerosa de color verdoso y olor putrefacto.

—¡Asco, asco, asco! ¡Wakala, wakala, wakala! —chilló Chispita mientras nadaba hacia tierra firme.

La pobre chihuahua juró que iba a vomitar, pero llegó al lateral del apestoso río y, con toda la fuerza de sus minúsculas patitas, consiguió impulsarse fuera de la hedionda agua.

Empapada con agua pestilente, con su ropa rosa chillón manchada y su humor en lo más bajo, Chispita se sacudió para quitarse la repugnante agua de encima y luego miró a ambos lados. Sabía que estaba abajo; la pregunta era: ¿cómo iba a salir de ahí y volver a la superficie? Aunque la pregunta aún más importante era: ¿cuándo sería su baño en el *spa* para quitarse la melcocha que traía encima?

Todo se veía igual, así que Chispita eligió un camino al azar. Después de todo, ella tenía la mejor suerte, porque era perfecta o, al menos, eso pensaba. Sin embargo, las alcantarillas resultaron ser un laberinto lleno de pasillos, cascadas de agua asquerosa, tuberías, rejas, montes de basura pestilente y agujeros escupiendo una neblina grisácea que Chispita se negó a respirar. No sería fácil salir de ahí. De mal humor, continuó su camino sin saber la dirección correcta mientras en su cabecita de chihuahua iba recordando las direcciones que había escogido.

—Derecha, izquierda, derecha, derecha, puente, izquierda, izquierda. Wakala, ya pisé algo. Oh, no, ¡*muffins* con pasas! He perdido la cuenta —se lamentó Chispita antes de ladrar furiosa—: ¡Ahora no sé dónde estoy!

La chihuahua estaba más perdida que antes, más sucia que antes y más cansada. Hubiese ladrado algunas palabras poco alegres para sacar su frustración, pero algo la detuvo.

En la oscuridad de uno de los túneles de la cloaca, brillaron unos grandes ojos amarillos. Miraban detenidamente a la diminuta perrita.

—En las alcantarillas no debería haber nadie —aulló Chispita mientras metía su cola entre las patas—. ¿Por qué hay unos ojos ahí? —preguntó la chihuahua mientras comenzaba a temblar como una gelatina.

Alzó su carita para ver mejor los ojos que la observaban y masculló «hola» con inseguridad. Por un segundo, tuvo la esperanza de que fuese un trabajador que la viese, la llevase a la superficie y la regresara a su casa, pero ese día no era un día de fortuna. Ahí no había un trabajador con traje de vestir listo para rescatar a una chihuahua perdida. No, en su lugar había un cocodrilo enorme, regordete, con escamas verde moco y colmillos afilados y algo chuecos. El gigantesco cocodrilo abrió la boca mostrando todos sus dientes y Chispita se hizo pis del susto.

Antes de que el cocodrilo pudiera decir algo, ya solo quedaba una estela de polvo donde antes había estado la chihuahua. Chispita había salido corriendo a una velocidad no conocida. Un auto de carreras era lento, un *jet* volaba despacio y la velocidad de la luz era un chiste en comparación con una chihuahua muerta de miedo siendo perseguida por un enorme cocodrilo. Chispita no pensaba ser la cena de nadie y corrió velozmente por el alcantarillado mientras un cocodrilo de trescientos kilos la perseguía. Hacía unos momentos, solo estaba perdida en las cloacas, pero ahora corría por su vida; todo había empeorado tan rápido... Esto no era vida para una chihuahua de alta alcurnia como Chispita.

Aunque había salido con ventaja para no ser devorada, la distancia entre el cocodrilo y la chihuahua cada vez era menor. Después de todo, un paso de cocodrilo era como veinte de chihuahua. Además, el cocodrilo ni siquiera tenía que correr, podía nadar. Cada segundo, se acercaba más y más.

«No puedo creer que mi final sea sucia en la cloaca y devorada por una lagartija gigante», pensó Chispita con desánimo.

Dos segundos después, el cocodrilo la había alcanzado. Esta vez, no había escapatoria, era el fin. El cocodrilo abrió su boca de nuevo y Chispita pudo contar tantos colmillos que prefirió solo cerrar los ojos y esperar a ser el entrante del colosal cocodrilo.

El gran lagarto comenzó a jadear apresuradamente.

—Eres veloz para ser una pequeña chihuahua —dijo de manera atropellada el cocodrilo—. Además, ¿qué hace una chihuahua en las alcantarillas? —preguntó con una voz gruesa pero amigable.

Chispita volvió a abrir los ojos y simplemente se le escapó un:

—¿Qué? ¿No vas a comerme?

El cocodrilo verdoso la miró detenidamente y se echó a reír.

—Podría, pero eres más hueso que comida

y tiemblas más que la gelatina, y no me encanta la gelatina —la tranquilizó—. Además, soy un cocodrilo con modales y escrúpulos. Mi nombre es Pan —se presentó elegantemente el gran cocodrilo.

—¿Cómo el pan que se come? —preguntó extrañada Chispita. No era como imaginaba que se llamaría un colosal y peligroso cocodrilo. Brutus, Máximo, Nerón, Colmillo, Mandíbula eran mejores opciones, pero no Pan.

—Yo creo que más bien viene de pantano —mencionó Pan mientras pensaba.

Tras la confusión con el nombre, Chispita regresó al aquí y al ahora y exigió respuestas.

—¡Yo también puedo preguntar qué haces tú aquí! —ladró la chihuahua.

Esa frase bastó para que Pan se pusiera a hablar de sí mismo y su historia. Qué ilusa había sido Chispita. Ahora escuchaba la historia de Pan y, siendo sincera, en realidad no le importaba en absoluto la vida del gran cocodrilo de desagüe. Solo se importaba a sí

misma y lograr salir de ese asqueroso lugar, pero Pan ya estaba en un mundo de recuerdos, lejos de las alcantarillas.

La pregunta sobre su procedencia le había hecho recordar los viejos tiempos, cuando era un pequeño cocodrilo bebé de ochenta gramos, apenas una lagartija. Pan era un cocodrilo del Nilo y había nacido en Egipto con sus dos hermanas y sus tres hermanos. Juntos habían disfrutado de la costa del río Nilo, bañándose bajo los rayos del sol y comiendo el mújol que preparaba su mamá. También realizaban competencias para descubrir quién aguantaba más la respiración y quién podía nadar a más velocidad. Los hermanos habían explorado el fondo del río en busca de caracolas y tesoros. Y, por supuesto, también habían sido regañados por alguna que otra travesura, pero Pan se lo había pasado muy bien con su familia.

El cocodrilo estaba ensimismado en sus recuerdos cuando unos ladridos agudos le hicieron salir de su trance. Esta era la historia de una chihuahua egocéntrica perdida en las alcantarillas, no la de un cocodrilo nostálgico.

—¡No puedo ver tus recuerdos y, además, ahorita estamos hablando de mí! —gritó Chispita enojada. Ya se había aburrido de ver los ojos perdidos del cocodrilo.

Pan no se molestó; él pasaba de eso. Era un cocodrilo de muchos modales. Rápidamente, solo mencionó que terminó en un váter y después en las alcantarillas que se volvieron su hogar.

—Pues yo caí por un sumidero. ¿Puedes creerlo? Deberían tener en la mente a chihuahuas como yo al construir esas cosas —se quejó Chispita con mucha indignación—. Ahora estoy aquí abajo atrapada y necesito tu ayuda para salir —gruñó de mal humor.

Pan encontraba a la chihuahua muy maleducada, pero él era amable, así que decidió ayudarla.

—Puedes intentar salir por el drenaje del restaurante. Está cerca.

Perfecto, ahora Chispita tenía su ruta de escape: por el restaurante y directa hacia la libertad.

Estaba deseosa de volver a su vida de mimos y lujos, dejando atrás ese horripilante lugar.

Pan la guio por algunos pasillos y le permitió usar su cola como un puente para cruzar el río maloliente y llegar al restaurante. Ese lugar debía de ser antiguo, ya que su sótano aún conectaba, a través de un pasadizo, con el alcantarillado.

Chispita, emocionada, corrió hacia la libertad y ni siquiera se despidió. De haber esperado, Pan podría haberle advertido que había una reja, pero la chihuahua lo descubrió rápidamente mientras se daba de bruces contra el metal oxidado que prevenía que alguien entrara al fino restaurante desde un lugar tan sucio como la cloaca. Chispita vio estrellas y, como salido de la nada, en vez de un cocodrilo, había dos. Se paró en sus dos patitas traseras mientras usaba las delanteras para sobarse su nuevo chichón y, mareada, regresó con Pan.

—Hay una reja —confirmó mientras caía de espaldas con las patas hacia arriba.

El cocodrilo vio a la penosa chihuahua golpeada. Parecía una cucaracha de las que luego paseaban por ahí abajo. Con sus largas uñas, cogió con delicadeza a Chispita de su collar rosa lleno de gemas brillantes y la colocó en sus cuatro patas. La chihuahua preguntó, atontada por el gran golpe, cómo iba a quitar esa reja tan dura. Pan observó la rejilla oxidada y triste y le dio la respuesta. Con sus trescientos kilos, le dio un caderazo a la reja y esta salió volando.

El sonido metálico y el camino abierto hacia la libertad revivieron a Chispita. La chihuahua saltó entusiasmada en dirección al sótano, aunque, antes de irse, consiguió hacer algo que no había hecho hacía mucho tiempo.

—Gra-gra-greci… Gracias —terminó al fin de decir.

Le había resultado muy difícil decir aquella palabra, como si se le hubiese oxidado detrás de la garganta por no haberla usado en tanto tiempo. Pan le sonrió cariñosamente y se despidió de la pequeña chihuahua.

Chispita entró a un sótano húmedo y con algunas mesas arrumbadas. Todo estaba lleno de polvo y telarañas.

«¿Les costaría limpiar y lavar de vez en cuando?», se quejó mentalmente mientras movía sus bigotes con desaprobación.

Al fondo, había unas escaleras que la llevarían, por lo que le decía su olfato, a la cocina. Olía muy bien. Chispita movía su naricita y captaba aromas que le hacían mover su rabito. Percibía el aroma a carne, sopa de verduras, tartas, bollos y ¡salmón!, su platillo favorito.

«Seguro que alguien me ayudará a volver a casa y, cuando vean que soy una chihuahua de pedigrí asustada tras un terrible día, me darán de comer», pensó contenta Chispita.

Comenzó a saltar los escalones de tamaño normal —pero que eran de tamaño montaña para una pequeña chihuahua— y, cuando estaba a punto de entrar a la cocina, se detuvo.

—Más les vale que sea salmón lo que me den o los muerdo —avisó Chispita.

No obstante, lo que le esperaba no era un delicioso salmón, sino la continuación de su día de perros.

Bastó un empujón con su morrito para abrir la puerta completamente y llegar a la cocina, donde los chefs, ayudantes y meseros trabajaban arduamente haciendo platillos y limpiando la vajilla. Ninguno pareció ver a Chispita con su pequeño tamaño.

Debió haberse dirigido a la salida del restaurante y todo habría acabado. Hubiese salido y tomado el camino de regreso, pero no, Chispita necesitaba atención. Ella se consideraba una chihuahua muy muy pero muy importante, una vip, y demandaba la atención de los cocineros. Ladró un par de veces y consiguió lo que quería. Eso fue un grave error. Un ayudante de cocina volteó al suelo, buscando de dónde provenía lo que sus oídos entendieron como un chillido agudo.

—¡Una rata! ¡Una rata! —gritó desesperado y asustado. Junto a él había una bola de pelos mojada en agua hedionda.

A unos metros de Chispita, fueron a estrellarse unos platos contra el suelo. Una mesera en estado de pánico gritó y se subió al mostrador. Chispita tenía toda la atención de la cocina, como había deseado.

—¡Que alguien haga algo! —ordenó el chef con tono severo.

El pastelero abandonó su tarea de caramelizar la crema catalana y, con su pequeña antorcha, le disparó un rayo de fuego. Chispita encogió las orejas y se aventó pecho tierra esquivando la llamarada. Bueno, casi toda. La punta de su sedosa cola se había prendido como una vela. La chihuahua desesperada corrió en círculos intentando apagar las llamas. Cuando eso no funcionó, corrió hacia una cubeta y puso su trasero en el agua coloreada de gris por el polvo y la mugre. Estaba asqueada, pero al menos su hermoso pelo ya no ardía. Entonces, Chispita recibió un escobazo directo en su cabeza. Sintió que le hundía el chichón que ya tenía. Ahora, su chichón tendría un chichón. El lavaplatos persiguió a Chispita con una escoba, listo para acabar con la plaga de la cocina.

—No soy una rata, soy una chihuahua sucia por las coladeras —aullaba Chispita mientras esquivaba escobas y platos, pero los humanos no la entendían. Para ellos, ella era una desagradable rata en medio de una pulcra cocina.

Dando saltos como una gimnasta, Chispita esquivó todos los escobazos. La pobre estaba en modo «pánico de chihuahua» y huyó por donde había llegado. Decidió que la cloaca era mejor que unos escobazos.

«¡*Muffins* con pasas, qué cerebro más pequeño tengo!», se regañó a sí misma. Pudo haberse ido con toda su dignidad, ya habría habido tiempo de salmón en casa, pero, por querer llamar la atención, había empeorado su situación. Ahora estaba, otra vez, en las oscuras alcantarillas. Chispita se lamentó por su suerte y comportamiento y rezó por que Pan siguiese por ahí.

La chihuahua gritó el nombre de Pan en la penumbra y, tras unos momentos, reapareció junto a ella. El cocodrilo estaba algo sorprendido de volverla a ver, así que le preguntó qué hacía de regreso en el alcantarillado. Chispita le contó su tragedia, todavía indignada por ser confundida por una horrible rata. Le mostró su gran chichón y el cocodrilo con delicadeza lo tocó.

—Sí que te han dado una buena paliza —dijo Pan con tono preocupado. Aunque Chispita sentía dolor en su cabeza, le dolía más su ego.

—Una rata, Pan, pensaron que era una rata. Y lo peor es que no me dieron salmón —se quejó la chihuahua.

Pan supo que Chispita estaba bien, porque estaba más preocupada por el salmón que por su cabeza magullada.

—Bueno, sí, pareces una ratita —le señaló el cocodrilo. Era por su pelo mugroso, su aroma putrefacto y su tamaño.

Chispita no lo tomó para bien y comenzó a hablar más rápido. Con cada palabra atropellada que sacaba, sonaba más como el chillido de una ratita con las que Pan a veces platicaba.

—Ya, ya, perdona. No eres una rata —se disculpó el cocodrilo velozmente. Si no lo hacía, la pobre chihuahua no iba a coger aire antes de seguir quejándose y, seguro, se desmayaría.

—Sí, parezco un poco rata, pero no es mi culpa, ¡es culpa de este asqueroso sitio! —terminó de quejarse la chihuahua. Pan sonrió y Chispita, simplemente, se sacudió.

—Vamos, ayúdame a buscar otra salida. Y, si me vuelves a decir «rata», aunque lo parezca, te muerdo —lo amenazó, aunque, la verdad, no lo iba a morder, porque era obvio que no podía vencer a un cocodrilo de trescientos kilos.

Por su lado, Pan hizo un recordatorio mental: no decirle «rata» a Chispita, porque no deseaba sentir los afilados dientecitos de la chihuahua.

El zoológico de la ciudad también conectaba con las cloacas y Pan lo vio como una gran opción de escape. Chispita encontró perfecta la idea, ya que ahí había más animales, algunos más temibles que una chihuahua sucia. Nadie gritaría por ver a una pequeña chihuahua andar por ahí cuando había animales más feroces y temibles, como tarántulas, serpientes, murciélagos, leones y osos. El nuevo plan de Chispita estaba por ponerse en marcha: por el zoológico hacia la libertad.

Pan se ofreció a llevarla hacia allá, para que no caminara y porque sería más fácil evitar que se quejara todo el camino y su eco retumbara por toda la alcantarilla. Chispita abordó el ferri verde y se acostó en la suave panza del cocodrilo mientras este comenzaba a nadar hacia la alcantarilla del zoológico usando su cola como un motor. Mientras recorrían los incontables pasillos de las laberínticas cloacas, Chispita se preguntó por qué el cocodrilo la acompañaba. Después de todo, ella no había sido la más amable.

—Pan, ¿por qué me sigues acompañando? Pudiste abandonarme y ya.

El cocodrilo pensó unos segundos.

—No tengo una buena razón. Solo quiero ayudarte y ya. Además, eres lo más interesante que he encontrado aquí abajo en mucho tiempo… Y me divierte ver qué más te puede pasar, pequeña ratita de alcantarilla —terminó entre risitas el cocodrilo. Chispita lo mordió suavemente y sus dientecitos ni le hicieron cosquillas a Pan.

—Lo prometido es deuda —dijo Chispita dándole la espalda al lagarto. Era curioso, no sentía enojo, sentía cierta diversión.

—Perdona, ratita —le dijo en tono de broma el gran cocodrilo.

—La siguiente, te daré una de mis grandes mordidas. No será tamaño chihuahua, será como la de un lobo —le advirtió Chispita sin voltearse. No estaba enojada, se estaba divirtiendo jugando con Pan.

—Tiemblo —respondió el cocodrilo mientras comenzaba a mecerse de un lado a otro.

La turbulencia hizo que Chispita saliera volando de la panza de Pan y casi cayera al agua sucia, pero Pan la cogió del collar para evitar el chapuzón. El cocodrilo le sonrió con tierna malicia y Chispita agitó una de sus patas y le aventó un poco de agua al rostro.

El zoológico no estaba cerca del restaurante y los caminos eran un laberinto, pero, para gran fortuna de Chispita, Pan no se perdía. El cocodrilo conocía a la perfección las alcantarillas, ya que llevaba años explorándolas. El par navegó por un largo tiempo las aguas hediondas hacia el siguiente intento de escape. Durante el viaje, Chispita se entretuvo viendo la basura pasar a su lado: fruta podrida, bolsas de plástico raído, botellas de vidrio rotas. Tenía suerte, porque, para ese momento, su nariz ya se había rendido con el putrefacto aroma y ya no detectaba ningún olor.

La chihuahua se puso patas arriba, estaba muy aburrida. Al menos, la panza de Pan se sentía como su felpuda cama para tomar el sol en el salón de la mansión donde vivía. Claro, ahí abajo, en su mundo apestoso, no había sol para asolearse, simplemente luces amarillentas que iluminaban pobremente la cloaca. Pan notó el aburrimiento de la chihuahua y le preguntó si quería algo de música para el viaje. Chispita giró un poco el cuello para mirar a Pan y se cuestionó qué tipo de música podría conocer un cocodrilo de alcantarilla; sin duda, no sería música clásica ni pop moderno, que era lo que una chihuahua con clase escuchaba en su tiempo libre. Chispita iba a negar —ya era suficiente estar ahí abajo en la asquerosa cloaca, no necesitaba que también se le pudrieran las orejas—, pero, antes de recibir respuesta, Pan ya había sacado su armónica.

Pan cogió aire y tocó unas primeras notas espantosas. Chispita sintió que sus orejas se caían. Asquerosos aromas, apestosos su pelo y ropa y putrefacta música. ¿Acaso ese lugar podía ser peor?

—Se ha llenado de agua y moco de alcantarilla, espera —dijo Pan analizando su instrumento musical.

Chispita deseaba decirle que se callara y solo nadara, pero le nació del fondo ser amable por una vez en su vida de chihuahua.

—No es necesario, Pan, ya estás llevándome, no necesito más. Mira, la basura me entretiene lo suficiente. Es como… ver peces en el acuario. Aunque, bueno, estos son más asquerosos, pero ambos huelen horrible, aunque mi nariz ya no lo detecta —dijo atropelladamente Chispita para intentar disuadir al cocodrilo de tocar más.

—Tonterías, te encantará —dijo Pan mientras le daba una fuerte palmada a su armónica y una bola de moco iba a estrellarse a la cara de Chispita.

«Puaj», pensó la chihuahua mientras Pan volvía a intentar tocar ese detestable instrumento. Sin embargo, para su sorpresa, esta vez la melodía no fue terrible.

Pan comenzó a tocar una música armoniosa y feliz. No se sentía elegante ni moderna, pero era insólitamente amena. Las melodías de Pan inundaron con cálidas notas musicales los oscuros y lúgubres túneles del alcantarillado y, con sus grandes patas, el cocodrilo comenzó a golpetear rítmicamente el agua que, para sorpresa de Chispita, formaba una bella combinación musical. El agua era sucia, pero creaba sonidos puros y entretenidos. Sin duda, la chihuahua no esperaba conocer en toda su vida a un cocodrilo y menos a uno que supiese tocar la armónica. Al principio, resistió el impulso de disfrutar de aquella estridente melodía, pero el ritmo venció a su rabo, que comenzó a danzar con las notas musicales. Chispita intentó detenerlo con las patas; no era propio de una dama de su clase.

—Vamos, a tu rabo le gusta, seguro que a tus orejas también —exclamó Pan antes de tocar con más fervor.

Nadie la vería ahí, así que Chispita decidió dejarse llevar y disfrutar su crucero y la *Serenata de Agua Puaj*. La chihuahua mostró sus habilidades de baile y, con sus dos patas traseras,

danzó sobre la gran panza de Pan. Sin duda, el tiempo pasó más rápido, porque pronto Pan detuvo la música.

—Pero ¿por qué paras? —preguntó la chihuahua dejándose caer en la panza de Pan.

Contento, el cocodrilo le señaló un letrero cobrizo y antiguo en el que ponía: «Zoológico».

—Oh —exclamó Chispita con sorpresa y un tono triste, aunque rápidamente se sacudió y regresó a su «yo» de siempre.

—Qué bueno que llegamos, ya estoy harta de este horrible lugar.

Pan giró los ojos y le indicó que tenía que seguir hasta una cascadita, por donde él no cabía, e ir hacia arriba; entonces, llegaría al zoo. Chispita estaba emocionada, eso sonaba fácil. Llegó a la pequeña cascada y, por primera vez, su estatura de gnomo la ayudó. Si hubiese sido más grande, no hubiese podido seguir por ese camino. Tras arrastrarse por un diminuto túnel, vio los rayos de luz asomarse por las rejillas que separaban la alcantarilla del aire de la libertad.

«¡Qué suerte tengo! Hicieron estas rejillas para chihuahuas pérdidas como yo. Perfectas para mi tamaño», pensó Chispita mientras se colaba entre las rejas.

Al fin, salió y, por primera vez desde que se perdió, sintió la luz del sol. El calorcito hizo que se estirara cómodamente. Bostezó y observó que se encontraba en una pradera con un lago, un trío de árboles y neumáticos masticados, pero no había animales.

«¡Qué fortuna! Estoy en una exhibición vacía», se felicitó la chihuahua a sí misma. Nadie la molestaría, nadie la atacaría, nadie le diría «rata»; solo tendría que esperar a un trabajador del zoo para que la ayudara.

En lo que esperaba su rescate, recordó el evento del restaurante y fue hacia el lago para darse una ducha. Más les valía a todos notar que ella era una chihuahua y no una asquerosa rata, aunque compartieran el mismo tamaño. Chispita se zambulló en el agua. No era pura y cristalina como la de su bañera de porcelana en casa, pero era mejor que el agua verdosa de la cloaca. Mientras se duchaba, algo la observaba detenidamente. El tigre se relamió los bigotes: hoy iba a cenar chihuahua a las brasas. El agua en la costa del lago comenzó a agitarse y, luego, la tierra empezó a temblar. Chispita detuvo su ducha, se volteó y puso cara de no poder creerlo: su mala suerte continuaba. Ahí estaba, galopando a toda velocidad hacia ella, un enorme tigre de trescientos kilos. Hubiese querido llorar, pero no había tiempo para eso. De pronto, los escobazos en el restaurante le parecían mejor opción que un superdepredador corriendo hacia ella.

—¡*Muffins* con pasas! —exclamó Chispita mientras rodaba por el suelo esquivando al tigre, que fue a darse un baño al lago.

Por rodar, tenía lodo en su lomo, pero no había tiempo para quejarse. Salió disparada a toda velocidad hacia el cristal de la exhibición con la esperanza de ser rescatada. Una niña de unos cinco o seis años que miraba la exhibición vio temblar de terror a una chihuahua al otro lado del cristal.

—¿Mamá, los tigres comen chihuahuas? —preguntó confundida la niña mientras veía a la pobre Chispita rasguñar el cristal con desesperación. Al menos, la habían reconocido como la gran chihuahua que era y no como una rata.

—No, querida, comen carne —respondió la madre, que estaba ocupada viendo su móvil.

Chispita gimoteó. Ella estaba hecha de carne, de una carne estresada y sin grasa, pero de carne.

—Pues, ahí hay un chihuahua —dijo la niña golpeando con el dedo el cristal.

—Seguro, cariño —respondió la madre mirando su móvil, sin prestar atención.

—¡Hágale caso a la niña! —aulló Chispita desesperada mientras el tigre se acercaba peligrosamente hacia ella.

«Que alguien, quien sea, me salve de esta», rogó Chispita, pero era muy tarde.

El gigantesco tigre se abalanzó sobre la chihuahua y Chispita no lo soportó más y se desmayó del susto. Como un trapo, cayó a un lado patas arriba, como si fuese una cucaracha muerta. Su desmayo fue un golpe de suerte, porque, gracias a él, esquivó por segunda vez al tigre. En su gran salto felino, el tigre fue a dar de bruces contra el cristal. El sonido del choque fue estruendoso e hizo que la niña gritara aterrada, que la madre se espantara y mandara su móvil a volar directamente al agua de los hipopótamos y que el tigre tuviese un chipote similar al de Chispita.

La chihuahua volvió en sí y observó al tigre sobarse la cabeza mientras le brotaba una lagrimita del ojo, a la mamá llorar por su móvil hundido, como un barco —ahora los hipopótamos podrían jugar con él— y a la niña reírse de la gran experiencia en el zoo. Además, ahora su madre tendría que hacerle caso todo el tiempo.

—¡Se cancela todo! Prefiero las alcantarillas a ser la cena. Me regreso con Pan. Él y sus

trescientos kilos son de amor —le gritó indignada Chispita al tigre mientras huía de la escena y regresaba a las oscuras cloacas con su horrible aroma, pero sin tigres hambrientos.

Chispita se arrastró por los túneles de regreso a la seguridad de la cloaca y cayó sentada en el apagado pasillo, dejando salir un gemido. Pan no se había ido lejos. Logró escuchar el estruendo de arriba y su curiosidad lo mantuvo pegado a la salida al zoo.

—No funcionó, Pan —chilló Chispita, sentada con las orejas caídas.

—Pero ¿qué ha sucedido ahí arriba? —preguntó el cocodrilo.

Chispita contó su historia de superviviente. Agregó algunos detalles, como que peleó valientemente y le clavó sus colmillos al tigre, que su gran mordida de lobo la había salvado y, claro, evitó mencionar su desmayo.

—Si con tu tamaño cuentas más como vegetal que como carne —observó Pan—. Aunque hay que aceptar que eres ruda y no una simplona, porque no cualquiera sobrevive a un tigre —terminó el cocodrilo.

Chispita estaba deprimida. Seguía atrapada bajo tierra, con la basura y aguas negras. Algunas lágrimas amargas le brotaron de sus ojos.

—Ve lo bueno, al menos sigues en una pieza —intentó consolarla el réptil para que dejara de derramar lágrimas de cocodrilo.

—Snif, snif, tienes razón. Agradezco estar en una pieza.

—Y venciste a un tigre con tu supermordida —la animó Pan.

—Y vencí a un tigre con mi gran mordida —repitió Chispita—. Pero ¿ahora qué voy a hacer? —preguntó la pequeña chihuahua con cara de pocos amigos.

A Pan se le acababan las ideas de por dónde podía escapar Chispita. Ya solo le quedaba una idea: salir por el museo de arte, aunque estaba en sentido contrario al zoo, por lo que tendrían que navegar un buen rato.

—¿¡Estás lista para más armónica con Pan!? —preguntó entusiasmado el cocodrilo mientras sacaba su instrumento y lo golpeaba para sacarle el moco y agua de alcantarilla.

Chispita asintió. Al menos, podría estar echada en la panza de Pan escuchando su estupenda música un tiempo. Le serviría para calmarse.

Durante el trayecto, no solo hubo música, sino que ambos empezaron a conversar. Chispita descubrió que escuchar a otros podía ser interesante y divertido. Pan estaba lleno de historias. Chispita supo que uno de los hermanos de Pan estaba en Madagascar y amaba hacer bizcochos con vainilla de Madagascar. Él mismo la cosechaba a partir de unas flores llamadas orquídeas. Chispita admitió que ella pensaba que la vainilla salía de ese mágico lugar llamado supermercado, no de una planta. La chihuahua también se enteró de que la hermana menor de Pan había conseguido un trabajo en el zoológico de Berlín. Chispita había visitado esa ciudad, pero no había querido salir del hotel de cinco estrellas por el tremendo frío que hacía. Además, afuera había suciedad y no un *spa*. La hermana menor de Pan se había quejado cada año en su postal del frío de Berlín, pero amaba sus calentadores y a su público. Chispita también averiguó que los hermanos mayores, Sobek y Marshi, cuidaban de su madre en Egipto. De vez en cuando, Pan recibía postales de su familia y él les mandaba botellas con mensajes. El cocodrilo deseaba mandarles postales, pero era difícil conseguirlas ahí abajo.

—¿Qué me dices de ti, pequeña chihuahua de alcantarilla? —preguntó Pan, deseando conocer más a su peculiar nueva amiga, ya que, de momento, solo sabía que la chihuahua era un poco pija. Bueno, bastante.

Chispita se sacudió ante la sorpresa. Nunca nadie le había preguntado sobre ella. Siempre decía lo que quería antes de que alguien le preguntara y, si no quería hablar, simplemente ignoraba a quien le dirigiera la palabra. Chispita pensó un segundo sobre sí misma. Por lo ge-

neral, solo daba órdenes o se quejaba. Metió el rabo entre las patas. «¿Acaso esa es toda mi personalidad?», se preguntó preocupada. Pan la observó congelada, sin decir nada. El cocodrilo supuso que le costaba contar de sí misma y no solo dar órdenes, quejas y alardes.

—¿Dónde vives? —preguntó Pan para ayudarla.

—Arriba —respondió sin pensar Chispita.

Pan se rio. Eso era obvio, los chihuahuas no viven en las cloacas de una ciudad. Chispita se rio también de su respuesta y volvió a intentarlo.

—Mi dueña, Lady Valerie, vive en una casa muy grande. Bueno, tal vez sea pequeña y solo es grande para mí. Aunque, no, sí es grande; tengo hasta un cuarto de *spa* solo para mí, lleno de bombas de ducha y aceites —afirmó Chispita.

—Me gustaría probarlos —dijo Pan mientras se olisqueaba e imaginaba una ducha llena de bombas coloridas y aromas a lavanda, vainilla y miel.

—Wakala —exclamó Chispita a modo de broma y continuó conversando sobre su vida arriba.

Contó que tenía cientos de juguetes, pero su favorito era Óscar. Le detalló sus grandes paseos por la avenida principal y el parque central. Disfrutaba de ver las fuentes bailar y le gustaba oler las flores coloridas, aunque no le gustaban las avispas. También relató sus viajes con su dueña. Había paseado por muchos lugares exóticos, aunque, si hacía frío, no salía del cuarto, porque no le gustaba temblar, mientras que, si hacía calor, tampoco quería salir, porque su pelo se secaba.

—Vaya, me he perdido mucho por no querer sentir un gramo de incomodidad —reflexionó Chispita.

—Y ahora el karma te trajo al alcantarillado —se burló Pan.

Ambos rieron y siguieron platicando, haciendo volar el tiempo y, en un abrir y cerrar de ojos, ya estaban bajo el museo de arte.

Chispita tembló como gelatina, estaba nerviosa. Era su última oportunidad de salir, ya que Pan no conocía otra opción. Y debía aceptarlo, si Pan, que vivía en la alcantarilla, no conocía otra opción, ¿qué iba a poder hacer ella? Ella solo conocía un diminuto porcentaje de las alcantarillas.

Pan empujó con fuerza una pared de ladrillos que resultó ser falsa. En realidad, era un pasadizo secreto que conectaba con un cuarto del museo donde guardaban objetos invaluables. Cuando Pan quería un poco de cultura y conversación, iba a ese salón para admirar cuadros viejos, muebles antiguos, esculturas de mármol con las que a veces platicaba, joyas con las que jugaba a ser un rey y espejos con marcos podridos, pero que le permitían ver su reflejo y conversar con otro cocodrilo. Pan se sentó junto a la escultura de una bailarina y le indicó a Chispita por dónde subir para salir. La chihuahua comenzó a subir los escalones y a la mitad se detuvo.

—¿No quieres venir?

—No creo que quieran ver a un gigantesco cocodrilo por las salas del museo —comentó Pan pensativo.

—Es verdad, eres un poco grande —afirmó Chispita antes de darle las gracias por su ayuda y despedirse. Esta vez, el «gracias» le había salido de forma natural.

Cuando llegó a la siguiente planta del museo, planeó rápidamente: nada de pedir cosas, calladita y directa a casa. Chispita no quería que la fueran a confundir otra vez con una rata. Empujó con todas sus fuerzas de chihuahua la puerta y los rayos de luz que pasaban por los colosales ventanales le lastimaron los ojos. Llevaba demasiado tiempo paseando a la fuerza por el alcantarillado. Una vez que su mirada se acostumbró de nuevo a la luz, notó que estaba en una sala con muchos cuadros. Todas las pinturas parecían ver a la pequeña chihuahua. No ayudaba que hasta el retrato más pequeño fuera más grande que ella. Se sintió observada e inquieta y su corazón se aceleró, así que buscó rápidamente la salida más cercana. Vio la salida con su gran letrero verde y, contenta, movió el rabo de un lado a otro, pero, antes de aventarse a huir, volteó a ambos lados. No había nadie o, al menos, eso pensó, porque dio dos pasos y escuchó lo peor.

—¡Una rata! —gritó un guardia de seguridad que había estado dormitando junto a una estatua.

Chispita deseó que simplemente fuese una estatua ruidosa, pero era el guardia, que había escuchado el tintineo de sus patitas. La habían descubierto de nuevo y, peor aún, le habían lastimado el ego por vigésima vez ese día: otra vez confundida con una rata.

Bastó un segundo para que el malhumorado guardia corriera hacia ella con una porra en mano, listo para acabar con la rata.

«Soy una chihuahua, no una rata», pensó la pobre Chispita, aunque ya no se sorprendía tanto de su suerte. Salió corriendo para evitar los porrazos.

—¡*Muffins* con pasas! —exclamó mientras se regañaba a sí misma. No podía creer que hubiera corrido al lado contrario a la salida. Estaba regresando al interior del museo.

Chispita corrió por la galería llena de cuadros con grandes sonrisas burlonas. Sentía que se mofaban de ella y de su suerte, de paso. El guardia saltó hacia ella con la esperanza de propinarle un buen golpe, pero Chispita lo esquivó con facilidad. Ya tenía práctica esquivando tigres. El guardia terminó estampado contra el cuadro de una muchacha con vestido lujoso que lo observaba con desagrado. Mientras su perseguidor se disculpaba con la chica del cuadro, Chispita llegó a la exposición de estatuas. Se posó junto a una bailarina y a un joven que flexionaban sus músculos de mármol y se quedó muy quieta. Su plan era ser una estatua más para evitar ser descubierta.

El guardia llegó a la sala moviendo los ojos como un loco.

—¿Dónde estás, rata asquerosa? —gritó mientras inspeccionaba las estatuas más cercanas. Fue avanzando hasta estar frente a una estatua minúscula. El guardia acercó mucho la cara para inspeccionarla.

—¡Qué fea escultura! —exclamó sin entender el arte frente a él.

Chispita podía tolerar escobazos, porrazos, tigres, el mal olor, pero ser llamada «fea», jamás. Ella era lo más bello de las alcantarillas y, en segundo lugar, Pan. Furiosa, le soltó un mordisco en la nariz. El guardia sintió el peor susto de su vida. No esperaba que una estatua cobrara vida.

El guardia tiró su porra y se agitó espantado. Quería liberarse de la estatua sobrenatural que le mordía la ropa. Al final, el forcejeo venció a Chispita, que salió volando por una ventana abierta.

«*Muffins* con pasas», pensó mientras volaba por los aires. Al menos, esta vez caería en la acera y sería libre de volver a casa para ducharse y perfumarse. Pero había olvidado que ese día era de mala suerte.

Chispita cayó justo en la tubería que reparaban en la calle y, sin tener que adivinar, supo que estaría de vuelta en la alcantarilla. Pan escuchó cómo las tuberías sonaban y pensó que alguien había lanzado una piedra, pero pronto escuchó las quejas de una chihuahua furiosa.

—¡Otra vez confundida con rata! —se quejó Chispita mientras agitaba su patita con ira.

Pronto el enojo se transformó en tristeza. No podía creer que fuese imposible escapar. Comenzó a hacerse a la idea de vivir con verdaderas ratas, nadar en agua hedionda y comer basura. Pan la intentó calmar diciéndole que vivir ahí abajo no era tan malo. Serían compañeros de alcantarillado. Resignada, aceptó que vivir con Pan sería guay. Él era muy divertido y majo. Aun así, Chispita lloró por todo lo que extrañaría: a Óscar, a Lady Valerie, su hogar y el salmón; los demás lujos ya no le importaban.

—Además, Pan, ¿quién le va a ladrar a la fuente del jardín de Lady Valerie? —se quejó Chispita al final. Ladrarle a esa fuente era parte de su rutina de la mañana, uno de sus pequeños gustos.

—¿Una fuente de la que brota muchísima agua? —preguntó Pan perplejo.

—Sí, sí, sé que es una bobada, pero lo disfrutaba, ¿sabes? —terminó Chispita mientras aceptaba que su nuevo hogar sería la cloaca, sus nuevos paseos serían por los canales, su nueva cena sería basura y su nueva hora de ladridos sería contra las ratas.

Sin embargo, Pan ya tenía un nuevo plan que la llevaría directamente a su hogar.

El cocodrilo la guio por la alcantarilla hacia un cuarto lleno de grandes tuberías. El plan era muy simple: el cuarto con tuberías alimentaba con agua a la fuente. Lo único que había que hacer era aumentar la presión del chorro de agua para que levantara a Chispita como un géiser. Dado que era pequeña, saldría volando por la boca de la fuente y caería justo en su jardín.

Con su gran fuerza de cocodrilo, Pan abrió la tubería y metió a la chihuahua dentro, después, se alejó para girar todas las manijas rojas que encontró.

—No creo que esto vaya a funcionar, Pan —dijo poco convencida Chispita, pero el cocodrilo solo escuchó un eco metálico salir de la tubería.

—¡Verás que funciona! —le gritó el cocodrilo mientras golpeaba con su cola unas válvulas.

Rápidamente, la presión del agua empezó a subir y el agua comenzó a levantar a Chispita. Pronto estaría fuera. La presión aumentó más y más hasta que Chispita pudo oler el aire fresco y ver el sol del atardecer pintando el cielo de naranja. Pero, justo cuando estaba por liberarse, se atoró en la boca de la fuente.

Una mitad de Chispita estaba fuera, la otra mitad atorada.

—¡*Muffins* con pasas! —gritó Chispita—. Esto me pasa por devorar tantas chuches —se quejó mientras se sacudía y desinflaba su panza.

Pero seguía atrapada. Aun siendo diminuta, no pasaba del todo a través de la microscópica boca de la fuente. La chihuahua bloqueando la fuente no dejaba escapar el agua, por lo que todo el líquido comenzó a acumularse debajo de ella. Pan observó cómo las tuberías se hinchaban y engrosaban por el agua atrapada. El cocodrilo puso una cara nerviosa e intentó apresuradamente detener el agua girando manijas y válvulas.

—Pan, creo que esto no va bien —chilló Chispita desde arriba.

En su trasero sentía el agua empujándola. Debajo, Pan intentaba controlar la situación, pero todo se veía mal. Las tuercas y tornillos de las tuberías comenzaron a saltar, el agua comenzó a salirse y el suelo comenzó a temblar. Pan se aventó pecho tierra y se cubrió la cabeza con sus patas.

«Esa chihuahua va a volar hasta el espacio», pensó preocupado.

De repente, ¡boom!, la presión del agua venció al tapón estorboso y Chispita salió disparada hacia el cielo. Lo último que le faltaba era volar. En un solo día, había caído en las alcantarillas, la habían confundido con una rata, le habían metido escobazos, había huido de un tigre, se había hecho amiga de un cocodrilo del Nilo y ahora volaba a varios metros sobre el suelo. La chihuahua observó el techo de su casa rosada y asustó a una paloma, que volaba por ahí. Después, se detuvo un segundo en lo alto del cielo: la caída se acercaba. «*Muffins* con pasas, esto va a doler bastante», se lamentó Chispita mientras comenzaba a sentir mariposas en su barriga al caer. Intentó batir sus patas como si fuesen alas. Sin embargo, aunque los chihuahuas pueden parecer murciélagos, ellos no vuelan. Chispita cerró los ojos, preparada para terminar estampada en el jardín como un triste insecto. Pero su suerte cambió repentinamente y, como una gran clavadista, cayó en estilo bomba de cañón en la fuente, causando un gran SPLASH.

Aturdida, comenzó a nadar de perrito, su estilo de natación favorito, y se agarró a un pez de piedra que le escupía agua en la cara. Usando sus grandes fuerzas de pequeño chihuahua se impulsó y logró montarse sobre el pez. Apresuradamente, saltó al borde de la fuente, luego se tiró al césped y, jadeando, se puso patas arriba. Contenta se restregó en el pasto. Lo había conseguido, estaba fuera del alcantarillado. Desesperada por una ducha, mimos de Lady Valerie y ver a Óscar, salió corriendo hacia su gran casa rosada, pero, antes de llegar y subir los escalones de mármol blanco, frenó. Llevaba tanta velocidad que hasta patinó por el suelo. Se levantó un poco lastimada y regresó veloz al jardín. Buscó el sumidero cercano a la fuente y le agradeció a Pan.

—¡Pan, Pan, estoy fuera, lo he conseguido!

—Pausó un segundo y se corrigió—. ¡Lo hemos conseguido! ¡Lo has conseguido! —gritó con entusiasmo la chihuahua mientras meneaba la cola contenta.

—¡Chispita, sigues viva! —gritó contento y aliviado Pan.

—Claro que sí. Nadie vence a la gran Chispita —dijo en tono de broma la chihuahua. Antes lo hubiese creído, su ego era enorme, ahora, solo bromeaba con Pan. Ya no se sentía tan grande, solo un poco grande.

—Juré que te había mandado a la luna —dijo Pan un poco preocupado.

—Sí, volé alto. Llegué a donde ningún chihuahua ha ido. Hasta espanté a una paloma —recordó Chispita entre risas. Ambos rieron mientras Chispita describía la cara de la paloma al ver una chihuahua en las nubes.

Pronto el atardecer se convirtió en un cielo nocturno lleno de estrellas y, antes de regresar a casa, Chispita solo pudo decir una cosa más:

—Gracias, Pan, te lo agradezco con todas mis fuerzas.

—Debe de ser un gran agradecimiento si es con tu gran fuerza de chihuahua —se burló Pan un poco.

—Lo es —respondió Chispita moviendo su rabo con agradecimiento antes de despedirse y volver a casa.

Lady Valerie había buscado a Chispita todo el día. No estaba en el *spa* ni en la ducha con todas las bombas de baño ni el salón de juegos con sus mil juguetes ni en el cine viendo películas y ladrándole a los actores ni en la cocina pidiendo salmón ni en el jardín paseando y ladrándole a la fuente ni en el cuarto durmiendo entre sábanas de seda ni en el armario probándose atuendos. La chihuahua no aparecía. Lady Valerie ya había contactado a una agencia de detectives para encontrar a su amada chihuahua y había preparado carteles con la foto de Chispita para que aparecieran en todos los periódicos y farolas de la ciudad.

Había pasado demasiado tiempo buscando la mejor foto de la chihuahua, porque sabía que, si Chispita veía una mala foto de sí misma, le gruñiría. Esa chihuahua odiaba no verse bien. De repente, la puerta del cuarto se abrió estruendosamente y entró corriendo una rata.

—¡Una rata, una rata! —chilló alarmada Lady Valerie mientras se hacía un ovillo en la cama.

Chispita se detuvo en seco, se sentó y se llevó la pata a la frente no pudiendo creer lo que escuchaba. «Tal vez sí parezco una rata», comenzó a aceptar la chihuahua. *Monsieur* Hortense, el guardián de la casa y gran ayudante de Chispita y Lady Valerie entró corriendo en los aposentos, listo para pelear contra la intrusa, pero, al entrar, solo vio a Chispita.

—No, *madame*, eso no es una rata, solo es Chispita en un estado sucio, mugriento, inmundo y pringoso —reconoció *monsieur* Hortense.

Chispita movió el rabo feliz y, contenta, dio vueltas mientras ladraba. Al fin, alguien la reconocía. *Monsieur* Hortense la levantó del suelo y acarició su pelo mugriento y verdoso mientras Lady Valerie se lanzaba desde la cama para ir por su amada Chispita. La *madame* abrazó a su chihuahua y le dio besos, aunque estuviese inmunda.

—¡Qué bueno que has vuelto! Aunque hueles horrible, Chispita, y pareces una rata mojada de alcantarilla —le dijo Lady Valerie a su chihuahua.

—Porque estuve perdida en la alcantarilla —gimoteo Chispita.

Lady Valerie preparó la tina con agua caliente, burbujas, sales exóticas, bombas de baño coloridas y jabones aromáticos y le dio un gran baño a Chispita, que quedó reluciente y oliendo a vainilla. Le dio su salmón de cena y, llena, Chispita se hizo un ovillo en su cama de seda junto con su peluche, Óscar. Su día de perros, o ratas, por las cloacas había terminado.

Chispita soñó con Pan y su aventura y, a la mañana siguiente, decidió que ya lo extrañaba. Nunca se había preocupado por tener amigos, solo le importaba ella misma y Lady Valerie, pero Pan la había cambiado. Se pasó todo el día gritando en cada sumidero de la ciudad en busca de Pan. Al fin, cerca del sumidero del palacio de la música, lo encontró. En realidad, sus orejas lo encontraron. Habían reconocido la música del cocodrilo brotar del sumidero. Chispita lo invitó a vivir con ella en la gran casa de Lady Valerie. La chihuahua sabía que el zulo nunca se usaba, estaba abandonado. A escondidas, coló a Pan en su casa y lo ocultó en el sótano, que previamente había inundado.

Monsieur Hortense se preguntó por qué la fuente del jardín tenía un agujero enorme capaz de meter a un cocodrilo, pero nunca encontró la respuesta. Nunca, hasta que un día siguió a Chispita hacia el sótano de la casa lleno de curiosidad. Se preguntaba qué podría querer la chihuahua en un lugar tan lúgubre como el zulo de la mansión. *Monsieur* Hortense se llevó una sorpresa cuando entró y vio que el zulo era una piscina llena de bombas de ducha donde una chihuahua tocaba el pandero, un cocodrilo la armónica, una rata un banjo y una paloma la trompeta. Al final, Chispita había hecho más amigos y juntos pasaban el tiempo en el zulo, divirtiéndose. *Monsieur* Hortense simplemente cerró la puerta y no regresó allí jamás. No quería problemas con una chihuahua cuyo amigo era un cocodrilo de trescientos kilos.

Lady Valerie alguna vez notó que Chispita desaparecía. *Monsieur* Hortense la calmó:

—Solo va a ver a sus amigos.

—Oh, ¡qué bueno que haya hecho amigos! A veces, se la veía muy sola, solo con su peluche —dijo alegre Lady Valerie.

Monsieur Hortense sonrió feliz por Chispita.

—Me pregunto qué tipo de chihuahuas serán —dijo Lady Valerie imaginando a otros chihuahuas bellos y sedosos.

El guardián de la casa se atragantó con su zumo y tosió varias veces.

—Yo creo que son un poco más grandes —contestó intentando recuperar el aire y recordando al cocodrilo.

—Ah, qué cuqui, Chispita se hizo amiga de un gran danés —dijo dulcemente la *madame*.

—Sí, algo así —respondió girando los ojos y mordiéndose un dedo nerviosamente *Monsieur* Hortense.

Estar con Pan había cambiado a Chispita; ya no era una chihuahua grosera ni egocéntrica ni egoísta, aunque sí seguía siendo algo mimada, pero ya no trataba mal a los demás. Se le había contagiado la amabilidad de Pan. Los días que practicaba con su banda *Las ratas de alcantarilla* eran siempre fabulosos, aunque también disfrutaba los días serenos solo bañándose con Pan en su piscina llena de bombas de baño. Ahora Pan también podía hablar más con su familia, porque Chispita siempre le conseguía tinta y postales y metía la correspondencia en el buzón de correos. La chihuahua disfrutaba recibiendo las gracias de Pan cada vez que depositaba o traía las cartas. También amaba enterarse de cómo estaba la familia de su amigo. Al final,

lo que ella pensaba que había sido su día de peor suerte, un día de perros, había terminado siendo el día más afortunado de su vida, un día donde aprendió sobre la amabilidad y la amistad, el día donde conoció a un cocodrilo llamado Pan en las alcantarillas de la ciudad.